Amal Kallel

Développement d'une application web de gestion des entretiens

Amal Kallel

Développement d'une application web de gestion des entretiens

Conception et réalisation d'une application web de gestion des entretiens

Éditions universitaires européennes

Impressum / Mentions légales

Bibliografische Information der Deutschen Nationalbibliothek: Die Deutsche Nationalbibliothek verzeichnet diese Publikation in der Deutschen Nationalbibliografie; detaillierte bibliografische Daten sind im Internet über http://dnb.d-nb.de abrufbar.
Alle in diesem Buch genannten Marken und Produktnamen unterliegen warenzeichen-, marken- oder patentrechtlichem Schutz bzw. sind Warenzeichen oder eingetragene Warenzeichen der jeweiligen Inhaber. Die Wiedergabe von Marken, Produktnamen, Gebrauchsnamen, Handelsnamen, Warenbezeichnungen u.s.w. in diesem Werk berechtigt auch ohne besondere Kennzeichnung nicht zu der Annahme, dass solche Namen im Sinne der Warenzeichen- und Markenschutzgesetzgebung als frei zu betrachten wären und daher von jedermann benutzt werden dürften.

Information bibliographique publiée par la Deutsche Nationalbibliothek: La Deutsche Nationalbibliothek inscrit cette publication à la Deutsche Nationalbibliografie; des données bibliographiques détaillées sont disponibles sur internet à l'adresse http://dnb.d-nb.de.
Toutes marques et noms de produits mentionnés dans ce livre demeurent sous la protection des marques, des marques déposées et des brevets, et sont des marques ou des marques déposées de leurs détenteurs respectifs. L'utilisation des marques, noms de produits, noms communs, noms commerciaux, descriptions de produits, etc, même sans qu'ils soient mentionnés de façon particulière dans ce livre ne signifie en aucune façon que ces noms peuvent être utilisés sans restriction à l'égard de la législation pour la protection des marques et des marques déposées et pourraient donc être utilisés par quiconque.

Coverbild / Photo de couverture: www.ingimage.com

Verlag / Editeur:
Éditions universitaires européennes
ist ein Imprint der / est une marque déposée de
OmniScriptum GmbH & Co. KG
Heinrich-Böcking-Str. 6-8, 66121 Saarbrücken, Deutschland / Allemagne
Email: info@editions-ue.com

Herstellung: siehe letzte Seite /
Impression: voir la dernière page
ISBN: 978-613-1-53718-9

Copyright / Droit d'auteur © 2015 OmniScriptum GmbH & Co. KG
Alle Rechte vorbehalten. / Tous droits réservés. Saarbrücken 2015

Dédicaces

De plus profond de mon cœur, je dédie ce travail

À mes parents,

En témoignage de ma profonde affection, de ma gratitude et de
ma reconnaissance pour tous les sacrifices, amour et soutien qu'ils
m'ont prodigués.

À mes chers frères et ma chère sœur
À qui je souhaite beaucoup de succès,

À tous mes professeurs qui ont contribué à ma formation

À tous ceux que j'aime et qui m'aiment,
Qu'ils trouvent, tous, ici l'expression de mon amour sincère.

AMAL

Sommaire

3

Index des figures

Introduction générale

Les progrès successifs de l'informatique offrent aux entreprises de nouveaux outils de travail et leur permettent d'améliorer leur rentabilité et leur productivité. Et vu que les entreprises investissent beaucoup de temps dans l'évaluation des candidats et dans la gestion de l'ensemble du processus de recrutement, il est nécessaire de mettre en place un logiciel qui permet d'optimiser et d'accélérer le processus des entretiens tout en gardant une trace de ceux-ci.

C'est dans ce cadre que s'inscrit mon stage de fin d'études effectué au sein de la société Equinoxes. Notre stage consiste à la réalisation d'une application pour la gestion des recrutements au sein de l'entreprise afin de faciliter l'organisation des entretiens pour les responsables.

Le premier chapitre est dédié en premier lieu à la présentation du cadre général du projet ainsi qu'à la présentation du cahier des charges qui décrit les détails de l'application. Ensuite, nous allons analyser et critiquer l'existant et proposer des solutions. Enfin, nous allons dégager les cas d'utilisation et les besoins fonctionnels et non fonctionnels.

Le deuxième chapitre intitulé "Conception" est consacré à la présentation de l'architecture mise en place qui est celle de MVC (Modèle Vue Contrôleur) ainsi qu'à la conception de l'application composée de deux volets: la conception statique et la conception dynamique. Dans ces deux volets, nous allons nous intéresser aux diagrammes structurels tels que le diagramme de classes ainsi qu'aux différents diagrammes dynamiques tels que le diagramme de séquence, d'activité et celui d'état transition.

Le troisième chapitre est consacré à la description du schéma relationnel de la base de données déduit à partir du diagramme de classes et à la représentation du dictionnaire de données ainsi qu'à l'extraction du script de création des tables.

Le quatrième chapitre décrit les outils, les langages et l'environnement de travail qui ont servi à l'implémentation de notre application, ainsi qu'au déploiement des différentes interfaces graphiques. Enfin, nous allons présenter dans la conclusion générale une synthèse rappelant les étapes les plus importantes de notre travail.

Chapitre 1 :
Analyse et spécification des besoins

Introduction :

L'objectif de ce chapitre est de présenter en premier lieu le cadre général du projet. Ensuite nous allons exposer le cahier des charges, à partir duquel nous allons dégager les cas d'utilisation et les besoins fonctionnels et non fonctionnels.

I. Présentation de la société:

Ce projet a été réalisé au sein de la société Equinoxes qui a été fondée en 1997 avec l'idée de proposer de la valeur ajoutée à toutes les entités économiques qui voulaient profiter du potentiel des nouvelles technologies.

Acteur majeur dans la progression de l'Internet en Tunisie, Equinoxes a conçu et réalisé un bon nombre des grands projets locaux, des sites à valeur ajoutée et à forte notoriété.

Acquise par le groupe Keyrus en 2006, Equinoxes continue à déployer ses services sur le marché tunisien et se positionne également comme une plateforme nearshore pour toutes les SSII et Agences web étrangères exigeant un haut niveau de qualité.

Avec plus de 450 projets réalisés et une expertise reconnue à l'échelle internationale, Equinoxes ambitionne toujours d'atteindre des paliers supérieurs avec l'acquisition de nouvelles compétences afin d'offrir à ses clients et partenaires une utilisation encore plus optimale des technologies de l'information.

Les domaines de compétences :

- Bureau d'études et de conseil stratégique et technologique.

- Agence web spécialisée en communication interactive.

- SSII experte en développement d'applications et de systèmes : J2EE, PHP.

- Intégrateur de solutions web innovantes : CMS, ECM, Search et Webanalytics.

- Intégrateur de solutions ERP, CRM et Business Intelligence (via Keyrus).

II. Cahier des charges :

Le présent projet consiste à réaliser une application pour la gestion des recrutements au sein de l'entreprise afin de faciliter l'organisation des entretiens, aider les responsables à examiner les informations sur les candidats, préparer des notes, afficher la liste des candidats et leurs CV et à les évaluer pendant et après l'entretien.

En effet, il existe 3 types d'entretien :

- Entretien RH : entretien effectué par le responsable RH dans le but d'avoir une idée sur le profil psychologique et sur le savoir être du candidat, de tester son potentiel de communication et de juger son motivation. Le responsable RH examine la tenue et l'attitude du candidat d'une coté, ses diplômes et sa disponibilité d'une autre côté. Cela afin de voir s'il correspond au poste.

- Entretien Technique : entretien effectué par le chef de projet pour juger les capacités techniques du candidat et vérifier l'adéquation entre le poste proposé et l'expérience du candidat.

- Entretien Direction : entretien qui consiste à une conversation entre un candidat et le directeur de projet à fin de s'assurer des compétences du candidat dans le domaine cherché et pour la question du salaire.

Notre application comporte deux volets : un volet de gestion pour les entretiens et un volet d'organisation qui permet d'assurer une meilleure répartition des tâches entre les différents utilisateurs de l'application et offrir un accès facile et personnalisé à chaque utilisateur.
En effet, notre application permet aux trois responsables (responsable RH, chef de projet, directeur de projet) d'exécuter des actions différentes.

En premier lieu, le responsable RH s'authentifie en saisissant son login et son mot de passe, il peut ensuite ajouter un nouveau candidat en saisissant ses informations (informations générales, cursus universitaire, parcours professionnel), puis il enregistre les réponses du candidat au test technique. Notre application permet aussi au responsable RH d'enregistrer des informations de base concernant l'entretien RH tels que la date de l'entretien, la note du test technique et la décision prise.

En second lieu, le chef de projet s'authentifie, il peut consulter le test technique enregistré par le responsable RH, il peut lui ajouter d'autres questions et enregistrer des informations concernant l'entretien technique tels que sa décision à propos du candidat, le nom du responsable…

En dernier lieu, le directeur de projet s'authentifie, il consulte le test technique avec la possibilité d'ajouter des questions et il enregistre des informations sur « l'entretien direction » tels que le salaire proposé…
En plus, notre application permet à tous les utilisateurs la possibilité de modifier ou de

supprimer un candidat.

III. Etude de l'existant : Description du processus actuel des entretiens :

Cette section présente une étude de l'existant suivie de critiques permettant l'élaboration d'un ensemble de solutions retenues.

Le processus de recrutement comprend trois phases : entretien RH, entretien technique et entretien direction. Le candidat, après avoir présenté son cursus universitaire et son parcours professionnel, le responsable RH lui présente l'entreprise et son activité.

En premier lieu, le responsable RH présente au candidat la société, son activité et le profil de poste en précisant les aptitudes et compétences nécessaires à cet emploi, les missions spécifiques de ce poste, le secteur d'activité et l'entreprise en elle-même (organisation, culture d'entreprise). Il pose ensuite des questions pour obtenir des précisions sur le candidat et sur son parcours, notamment : sa formation, son expérience, ses ambitions et la raison de sa candidature. Il peut lui poser des questions précises sur une mission en particulier (responsabilités, résultats obtenus…). Il examine ensuite la tenue et l'attitude du candidat afin de connaitre son implication, il met en évidence ses qualités: ses compétences, sa motivation, sa capacité d'écoute, de compréhension, de maîtrise de soi et de discipline.

En second lieu, le candidat passe un test écrit pour évaluer ses connaissances techniques. Enfin, une note lui sera attribuée selon laquelle le responsable RH décide de garder ou de rejeter sa candidature.

En cas d'acceptation, le candidat passe un deuxième entretien avec un chef de projet afin de juger ses capacités, vérifier son adéquation au poste en question et s'assurer de sa motivation. A la fin de l'entretien, il donne son avis à propos du candidat et décide soit de le garder soit de refuser sa candidature.

Si le candidat réussit ces deux entretiens, il passe un dernier entretien avec le directeur de projet qui lui pose quelques questions de culture générale et négocie le salaire.

1. Critiques de l'existant :

Après l'étude du processus des entretiens, nous avons dégagé les défaillances suivantes :

- La plupart des opérations sont manuelles : ceci s'explique par le fait que les tests techniques sont faits d'une manière écrite et ne sont pas stockée sur un support.

- Perte de l'historique des entretiens (perte des entretiens techniques) : Pas de traces des entretiens effectués par des anciens candidats.
- Perte des CV : pas de bases de données utile pour d'éventuels recrutements.

2. Solution adoptée :

Tenant compte des critiques de l'existant, nous sommes amenés à proposer une solution qui répond aux besoins de l'entreprise et qui pallie aux lacunes constatées au niveau du processus existant.

Cette solution consiste à la réalisation d'une application ayant comme objectif l'automatisation du processus de recrutement et en même temps garder une trace des anciens entretiens.

IV. Spécification des besoins :

1. Les besoins fonctionnels :

Les besoins fonctionnels présentent les actions que le système doit accomplir et qu'il ne devient opérationnel que s'il les satisfait.

Les besoins du responsable RH:

- Le système doit permettre au responsable RH de s'authentifier.

- Le système doit permettre au responsable RH de saisir les informations du candidat :

    - de saisir les informations générales du candidat (nom, prénom, civilité…).

    - de saisir les informations concernant son cursus universitaire (les études universitaire et les stages effectués).

    - de saisir les informations concernant son parcours professionnel.

- Le système doit permettre au responsable RH de stocker les réponses du candidat dans le test technique.

- Le système doit permettre au responsable RH de saisir un entretien RH.

11

- Le système doit permettre au responsable RH d'enregistrer la note du test technique.

- Le système doit permettre au responsable RH de fournir une décision : acceptation ou refus du candidat.

- Le système doit permettre au responsable RH de rechercher un candidat.

- Le système doit permettre au responsable RH de modifier un candidat.

Les besoins du chef de projet :

- Le système doit permettre au chef de projet de s'authentifier.

- Le système doit permettre au chef de projet de consulter les fiches du test technique effectué.

- Le système doit permettre au chef de projet d'ajouter d'autres questions.

- Le système doit permettre au chef de projet de saisir les informations concernant l'entretien technique effectué.

- Le système doit permettre au chef de projet de fournir une décision : acceptation ou refus du candidat.

- Le système doit permettre au chef de projet de chercher un candidat.

Les besoins du directeur de projet:

- Le système doit permettre au directeur de projet de s'authentifier.

- Le système doit permettre au directeur de projet de consulter les fiches du test technique effectué.

- Le système doit permettre au directeur de projet d'ajouter des questions de culture générale.

- Le système doit permettre au directeur de projet de saisir les informations concernant l'entretien direction effectué.

- Le système doit permettre au directeur de projet d'enregistrer le salaire.

- Le système doit permettre au directeur de projet de donner une décision :

acceptation ou refus du candidat.

- Le système doit permettre au directeur de projet de chercher un candidat.

2. Les besoins non fonctionnels :

En plus des besoins fondamentaux, notre système doit répondre aux critères suivants :

- **La rapidité du traitement :** en effet, vu le nombre important des transactions quotidiennes, il est impérativement nécessaire que la durée d'exécution des traitements s'approche le plus possible du temps réel.

- **La performance :** un logiciel doit être avant tout performant c'est-à-dire à travers ses fonctionnalités, répond à toutes les exigences des usagers d'une manière optimale.

- **La convivialité :** le futur logiciel doit être facile à utiliser. En effet, les interfaces utilisateurs doivent être conviviales c'est-à-dire simples, ergonomiques et adaptées à l'utilisateur.

- **La sécurité :** la sécurité concerne l'utilisation de l'application. En effet, l'application ne doit pas permettre à un utilisateur non authentifié ou qui ne possède pas certains droits d'accéder à des parties qui ne lui sont pas autorisées.

V. Les cas d'utilisation :

1. L'outil de conception utilisé : le langage UML

Nous avons opté pour UML2.0 comme langage de modélisation.

UML2.0 est un langage formel et normalisé qui facilite la compréhension de représentations abstraites complexes et le principal avantage d'UML est qu'il est devenu le standard en terme de modélisation objet, son caractère polyvalent et performant et sa souplesse en fait un langage universel.

Ses avantages sont multiples :

- UML est un langage formel et normalisé.

- Gain de précision.

- Encourage l'utilisation d'outils.

- UML est un support de communication performant.

- Il facilite la compréhension de représentations abstraites complexes.

- Le principal avantage d'UML est qu'il est devenu le standard en termes de modélisation objet, son caractère polyvalent et performant et sa souplesse en fait un langage universel.

2. Identification des acteurs :

Notre système comporte trois acteurs qui interagissent directement avec le système.ces acteurs sont :

- <u>Le responsable RH</u> **:** personne chargée de la gestion de ressources humaines telles que le recrutement du personnel (définition et création des postes, publication des offres, sélection des candidatures, organisation des entretiens, établissement des contrats de travail, etc.)

- <u>Le chef de projet :</u> personne chargée de mener un projet et de contrôler son bon déroulement, il coordonne l'activité de conception et de réalisation des développeurs de son équipe. Il est chargé aussi d'effectuer un entretien technique aux candidats.

- <u>Le directeur de projet :</u> Garant de la qualité des prestations délivrées par ses équipes. Il supervise la réalisation des projets sur les plans techniques et humains, dans le respect du budget et des délais. Cet acteur accomplit aussi un entretien direction aux candidats.

3. Identification de fonctionnalités par acteur :

Le tableau ci-dessous (figure 1) illustre les différents cas d'utilisations par acteur suivis d'une description de chacun.

Acteur	Cas d'utilisation	Description
Responsable RH	Saisir informations du candidat	Le responsable RH enregistre les informations générales concernant le candidat ainsi que son parcours universitaire et

		professionnel.
	Stocker réponses test technique	Le responsable RH peut enregistrer les réponses du test technique effectué par le candidat.
	Saisir entretien RH	Le responsable RH peut saisir un entretien RH.
	Enregistrer note de test	Le responsable RH attribue une note au candidat dans le test technique et l'enregistre.
	Fournir décision	Le responsable RH décide d'accepter ou de refuser le candidat en se basant sur la note qui lui est attribuée.
	Chercher candidat	Le responsable RH peut chercher un candidat selon un critère précis.
	Modifier candidat	Le responsable RH peut effectuer une modification sur les informations du candidat, il peut aussi le supprimer en cas de refus.
Chef de projet	Consulter test technique	Le chef de projet peut consulter le test technique enregistré par le responsable RH.
	Ajouter questions	Le chef de projet peut ajouter des questions au test technique.
	Saisir informations concernant l'entretien technique	Le chef de projet enregistre les informations concernant l'entretien technique

		effectué avec le candidat (date de l'entretien, opérationnel, décision…).
	Fournir décision	Le chef de projet fournit sa décision à propos du candidat.
	Chercher candidat	Le chef de projet peut chercher un candidat selon un critère précis.
	Modifier candidat	Le chef de projet peut effectuer une modification sur les informations du candidat, il peut aussi le supprimer en cas de refus.
Directeur de projet	Consulter test technique	Le chef de projet peut consulter le test technique enregistré par le responsable RH.
	Ajouter questions	Le directeur de projet peut ajouter des questions au test technique.
	Saisir informations concernant l'entretien direction	Le directeur de projet enregistre les informations concernant l'entretien Direction effectué avec le candidat (date de l'entretien, opérationnel, décision, salaire proposé…).
	Fournir décision	Le directeur de projet fournit sa décision à propos du candidat.
	Enregistrer salaire	Le directeur de projet enregistre le salaire en cas

		d'acceptation du candidat.
	Chercher candidat	Le directeur de projet peut chercher un candidat selon un critère précis.
	Modifier candidat	Le directeur de projet peut effectuer une modification sur les informations du candidat, il peut aussi le supprimer en cas de refus.

Figure 1: Identification des cas d'utilisations par acteur

Les diagrammes comme montrent les figures 1, 2 et 3 représentent les cas d'utilisation relatifs à chaque acteur de l'application résumant les fonctionnalités du système et les différentes interactions entre ces cas.

4. Diagramme de cas d'utilisation relatif au responsable RH :

La figure ci-dessous (voir figure 2) illustre les cas d'utilisation relatifs au responsable RH.

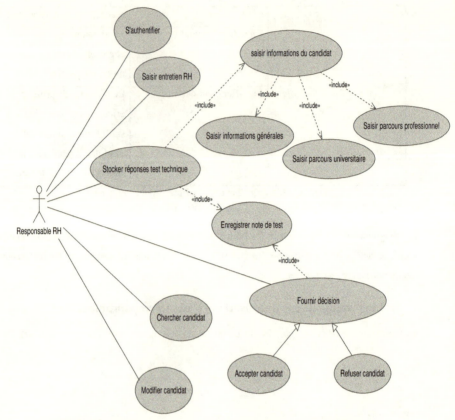

Figure 2: Diagramme de cas d'utilisation relatif au responsable RH

5. Diagramme de cas d'utilisation relatif au Chef de projet :

La figure ci-dessous (voir figure 3) illustre les cas d'utilisation relatifs au chef de projet technique.

Figure 3: Diagramme de cas d'utilisation relatif au chef de projet

6. Diagramme de cas d'utilisation relatif au Directeur de projet :

La figure ci-dessous (voir figure 4) illustre les cas d'utilisation relatifs au directeur de projet.

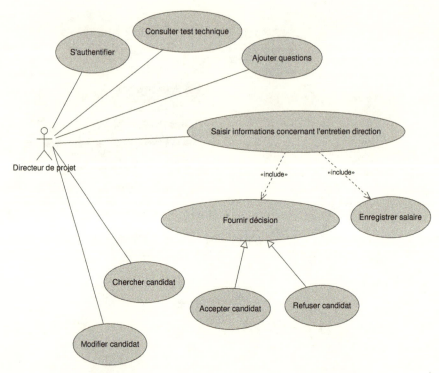

Figure 4: Diagramme de cas d'utilisation relatif au directeur de projet

Conclusion :

Lors de ce chapitre, nous avons présenté en premier lieu le cadre général du projet. Ensuite, nous avons analysé et critiqué l'existant et proposé des solutions.

D'autre part, ce chapitre nous a permis en plus de spécifier, de façon formelle, les différentes fonctionnalités attendues de notre application. Nous avons fourni une analyse détaillée de ces besoins grâce à des diagrammes de cas d'utilisation. Dans le prochain chapitre, la conception du travail établi sera détaillée.

Chapitre 2 :
Conception

Introduction :

Ce chapitre sera dédié à la présentation de l'architecture choisie pour l'application et à la conception statique et dynamique. La première étape de conception, étant la conception statique, présente les différents objets de l'application où nous allons représenter le diagramme des classes. La deuxième, étant la conception dynamique, traite l'interaction entre ces objets où nous avons recours aux différents diagrammes UML.

I.   Choix de l'architecture : architecture MVC

Le choix d'un style d'architecture est une décision très importante dans la conception de tout système informatique. Ce choix a des conséquences directes sur les performances, sur la réutilisation et sur l'interconnexion avec d'autres systèmes. Nous avons à cet effet opté pour l'architecture MVC.

Le modèle MVC découpe littéralement l'application en couches distinctes, et de ce fait impacte très fortement l'organisation du code.

- la couche **Modèle** se charge des traitements à effectuer sur les données et de leur stockage.

- la couche **Vue** se charge de la présentation des données pour l'utilisateur et de l'interaction.

- la couche **Contrôle** se charge d'aiguiller les requêtes entrantes vers les traitements et vues correspondants.

Ce modèle peut être représenté par la figure suivante :

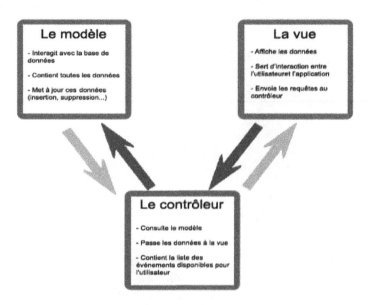

Figure 5: Architecture du modèle MVC

Par exemple, pour les deux entités « candidat » et « entretien RH », le schéma MVC sera représenté comme suit :

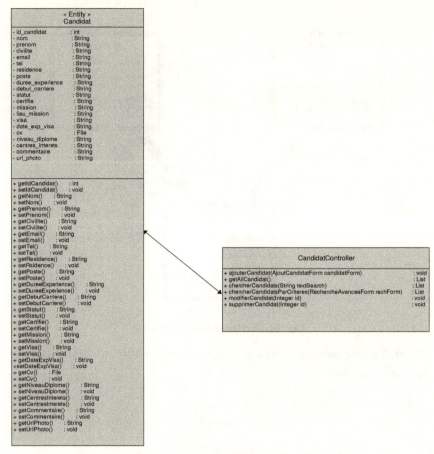

Figure 6: Représentation du modèle MVC pour l'entité « candidat »

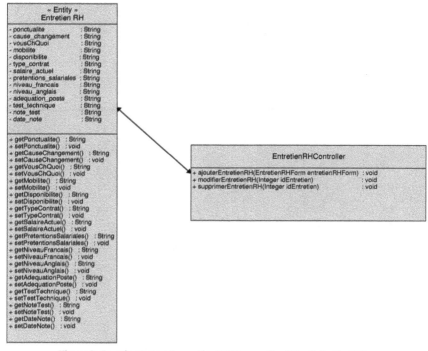

Figure 7: Représentation du modèle MVC pour l'entité « EntretienRH »

II. Modélisation statique :

La modélisation statique sert à représenter le système physiquement. En effet, nous représenterons le diagramme de classes qui a pour objet d'exprimer la structure statique du système afin d'aboutir à la base de données de l'application.

1. Diagramme de classe :

Dans ce qui suit, nous allons dégager les classes indispensables pour l'application et les relations entre elles présentées par la figure7.

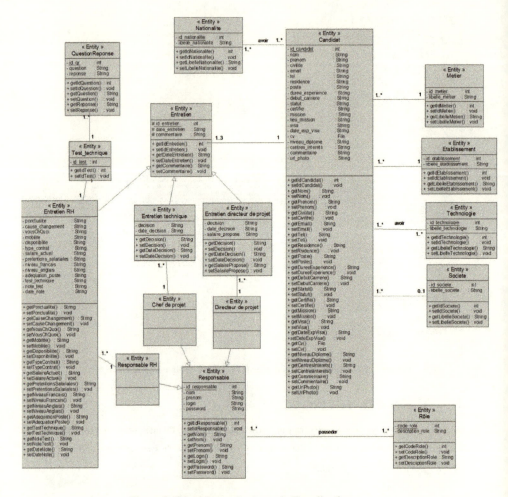

Figure 8: Diagramme de classe de l'application

- **Description textuelle:**

Le diagramme de classe établit est constitué des classes suivantes :

- Responsable : Classe qui contient les détails relatifs à un responsable qui lui
  permettent de se connecter à l'application.

- Les 3 classes : Responsable RH, chef de projet et directeur de projet héritent de la
  classe responsable.

- Rôle : Classe qui contient la description des privilèges que possède chaque
  responsable.

26

- Entretien : Classe qui contient les informations communes à tous les entretiens (dateEntretien, commentaire...).
- Les 3 classes Entretien RH, Entretien technique et Entretien directeur de projet héritent de la classe Entretien, chaque classe contient les informations qui lui sont spécifiques.
- Test technique : Classe qui représente le test technique effectué par le candidat et enregistré par le Responsable RH.
- QuestionReponse : Classe qui contient les réponses du candidat dans le test technique.
- Candidat : Classe qui contient les informations relatives à un candidat.
- Les 5 classes Nationalite, Metier, Societe, Etablissement et Technologie représentent des informations relatives au candidat.

III.   Modélisation dynamique :

1. Diagrammes de séquence :

Nous présentons dans ce qui suit le diagramme de séquence du système global.

a   Diagramme de séquence système :

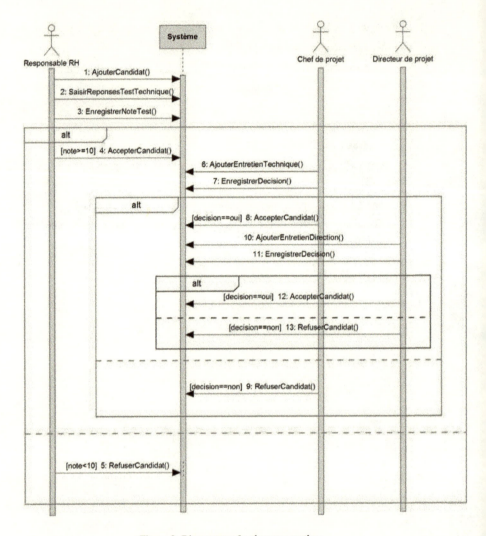

Figure 9: Diagramme de séquence système

- **Description textuelle :**

Dans notre système, le responsable RH commence par l'ajout d'un nouveau candidat et par l'enregistrement de sa note dans le test technique, d'après cette note il est décidé d'accepter ou de refuser le candidat. S'il est accepté, il pourra passer l'entretien technique. Dans ce cas, le chef de projet ajoute un nouvel entretien technique et exprime son jugement concernant le candidat. Dans le cas où le candidat est accepté, il pourra passer l'entretien Direction. Le directeur de projet ajoute alors un nouvel entretien Direction et exprime sa décision à propos du candidat.

b Diagramme de séquence du cas d'utilisation (saisir informations candidat) :

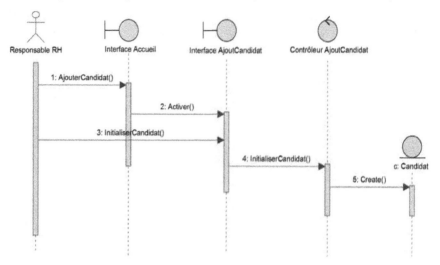

Figure 10: Diagramme de séquence relatif au cas d'utilisation « saisir informations candidat »

- **Description textuelle :**

Pour ajouter un nouveau candidat, le responsable RH active l'interface «Ajout candidat » en cliquant sur le lien «Ajouter Candidat » qui se trouve sur l'interface d'accueil, puis il crée un nouveau candidat après son initialisation via le contrôleur.

c Diagramme de séquence du cas d'utilisation (saisir entretien RH)

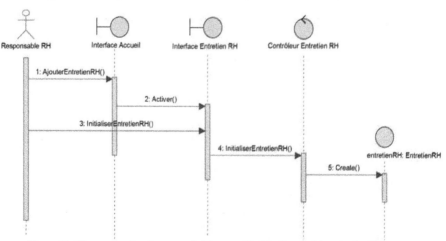

Figure 11: Diagramme de séquence relatif au cas d'utilisation «saisir entretien RH»

- **Description textuelle :**

Pour ajouter un nouvel entretien RH, le responsable active l'interface «Entretien RH » en cliquant sur le lien «Entretien RH » qui se trouve sur l'interface d'accueil, puis il crée un nouvel entretien après son initialisation.

d Diagramme de séquence du cas d'utilisation (fournir décision) :

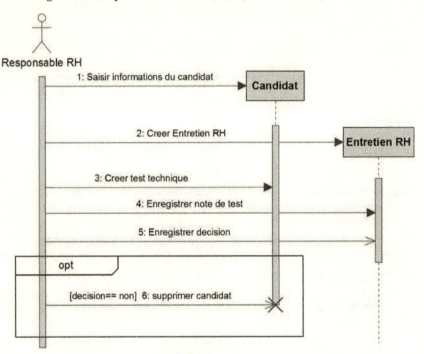

Figure 12: Diagramme de séquence relatif au cas d'utilisation «Fournir décision»

- **Description textuelle :**

Après avoir créé un nouveau candidat, le responsable RH enregistre un nouvel entretien RH et crée un nouveau test technique.

Pour mentionner sa décision, le responsable RH doit d'abord enregistrer la note du test technique.

Si le candidat est refusé, il peut être supprimé par le Responsable RH.

2. Diagrammes d'activités de l'application:

Les deux diagrammes présentés par les deux figures 11 et 12 ci-dessous représentent le comportement de tout le système.

a Diagramme d'activité 1 :

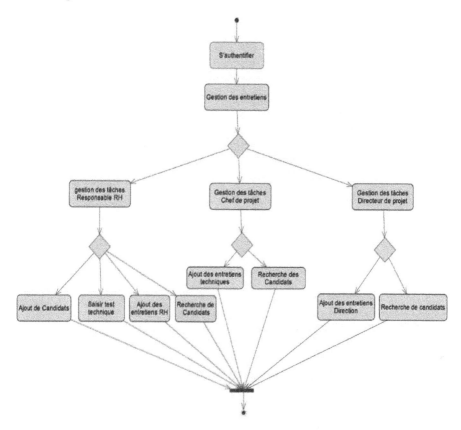

Figure 13: Diagramme d'activité1 de l'application

- **Description textuelle :**

Le point d'entrée à notre application consiste à s'authentifier pour s'occuper essentiellement de la gestion des entretiens.

- Si cette authentification correspond à celle du Responsable RH, l'utilisateur se servira des différentes tâches propres au Responsable RH (ajout d'un candidat, saisie d'un test technique, recherche de candidats…).

- Si cette authentification est celle d'un chef de projet, l'utilisateur se chargera des tâches correspondantes (ajout des entretiens technique, recherche de candidats).

- S'il s'agit d'un directeur, il s'occupera des tâches qui lui sont attribuées (ajout des entretiens direction, recherche de candidats).

b   Digramme d'activité 2 :

La figure 12 ci-dessous permet de modéliser le processus global du système :

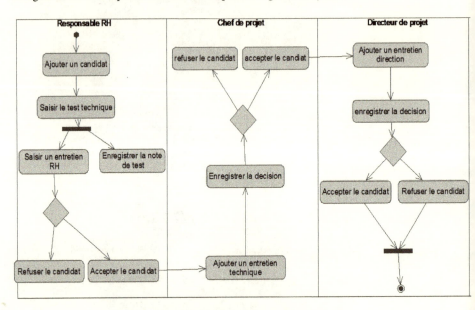

Figure 14: Diagramme d'activité2 de l'application

3. Diagramme d'état-transition :

L'objet principal dans notre système est le dossier du candidat, son diagramme d'état-transition peut se présenter de la façon suivante :

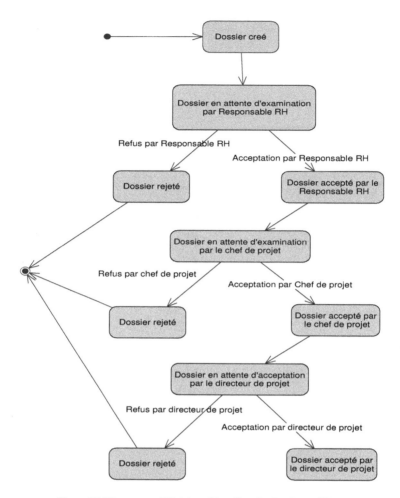

Figure 15: Diagramme d'état-transition d'un dossier de candidat

- **Description textuelle :**

Après avoir été créé par le responsable RH, le dossier du candidat est soit accepté soit rejeté par ce dernier. En cas d'acceptation, il sera examiné par le chef de projet qui à son tour décide de l'accepter ou de le rejeter. Enfin, une décision finale va être prise par le directeur de projet en cas d'acceptation par le chef de projet.

Conclusion :

Dans ce chapitre nous avons étudié l'architecture de conception choisie ainsi que la

33

conception dynamique et statique de notre système à travers les différents diagrammes UML. Nous étudions dans le chapitre qui suit la base de données de notre application.

Chapitre 3 :
Base de données

Introduction :

En se basant sur le diagramme de classe réalisé dans le chapitre précédent, nous consacrons ce chapitre à l'implémentation de la base de données de notre application. Nous commençons par extraire le schéma relationnel. Ensuite, nous traçons le dictionnaire de données afin de décrire les types des données. Enfin, nous présentons le script de création des tables.

I. Le schéma relationnel :

A partir du diagramme de classe, nous avons extrait le modèle relationnel suivant :

TECHNOLOGIE (id_technologie, libelle_technologie)

ETABLISSEMENT (id_etablissement, libelle_etablissement)

METIER (id_metier, libelle_metier)

NATIONALITE (id_nationalite, libelle_nationalite)

SOCIETE (id_societe, libelle_societe)

CANDIDAT(id_candidat, nom, prenom, civilite, email, tel, residence, poste, duree_experience, debut_carriere, statut, sertifie, mission, lieu_mission, visa, date_exp_visa, cv, niveau_diplome, centres_interets, commentaire, url_photo, #id_metier, #id_societe, #id_etablissement)

CANDIDAT_TECHNOLOGIE (#id_technologie, #id_candidat)

CANDIDAT_NATIONALITE (#id_nationalte, #id_candidat)

RESPONSABLE (id_responsable, nom, prenom, login, password, fonction)

ROLE (code_role, description_role)

RESPONSABLE_ROLE (#id_responsable, #code_role)

ENTRETIEN_RH (id_entretien,date_entretien, commentaire, ponctualite, cause_changement, vous_ch_quoi, mobilite, disponibilite, type_contrat, salaire_actuel, pretentions_salariales, niveau_francais, niveau_anglais, adequation_poste, test_technique, note_test, date_note, id_test, #id_responsable, #id_candidat)

ENTRETIEN_TECHNIQUE(id_entretien, date_entretien, commentaire, decision, date_decision, #id_candidat, #id_responsable)

ENTRETIEN_DIRECTEUR_PROJET (id_entretien, date_entretien, commentaire, salaire_propose, decision, date_decision, #id_candidat, #id_responsable)

QUESTION_REPONSE (id_qr, #id_entretien, question, reponse)

Les contraintes d'intégrité référentielles (CIR) :

CANDIDAT (id_metier) ⊂ METIER(id_metier)

CANDIDAT(id_societe) ⊂ SOCIETE(id_societe)

CANDIDAT(id_etablissement) ⊂ ETABLISSEMENT(id_etablissement)

CANDIDAT_TECHNOLOGIE (id_technologie) ⊂ TECHNOLOGIE(id_technologie)

CANDIDAT_TECHNOLOGIE(id_candidat) ⊂ CANDIDAT(id_candidat)

CANDIDAT_NATIONALITE (id_nationalite) ⊂ NATIONALITE(id_nationalite)

CANDIDAT_NATIONALITE(id_candidat) ⊂ CANDIDAT(id_candidat)

RESPONSABLE_ROLE(id_responsable) ⊂ RESPONSABLE(id_responsable)

RESPONSABLE_ROLE(code_role) ⊂ ROLE(code_role)

ENTRETIEN_RH(id_responsable) ⊂ RESPONSABLE(id_responsable)

ENTRETIEN_RH(id_candidat) ⊂ CANDIDAT(id_candidat)

ENTRETIEN_TECHNIQUE((id_responsable) ⊂ RESPONSABLE(id_responsable)

ENTRETIEN_TECHNIQUE(id_candidat) ⊂ CANDIDAT(id_candidat)

ENTRETIEN_DIRECTEUR_PROJET (id_responsable) ⊂ RESPONSABLE(id_responsable)

ENTRETIEN_DIRECTEUR_PROJET (id_candidat) ⊂ CANDIDAT(id_candidat)

QUESTION_REPONSE(id_entretien) ⊂ ENTRETIEN_RH(id_entretien)

II. Dictionnaire de données :

Nom du champ	Intitulé du champ	Type de données du champ	Nullabilité
Table : TECHNOLOGIE			
ID_TECHNOLOGIE	Identifiant de technologie	Entier	Non
LIBELLE_TECHNOLOGIE	Libelle de la technologie	Chaine de caractère(30)	Oui
Table : ETABLISSEMENT			

ID_ETABLISSEMENT	Identifiant de l'établissement	Entier	Non
LIBELLE_ETABLISSEMENT	Libelle de l'établissement	Chaine de caractère(30)	Oui

Table : METIER

ID_METIER	Identifiant du métier	Entier	Non
LIBELLE_METIER	Libelle du métier	Chaine de caractère(30)	Oui

Table : NATIONALITE

ID_NATIONALITE	Identifiant de la nationalité	Entier	Non
LIBELLE_NATIONALITE	Libelle de la nationalité	Chaine de caractère(30)	Oui

Table : SOCIETE

ID_SOCIETE	Identifiant de la société	Entier	Non
LIBELLE_SOCIETE	Libelle de la société	Chaine de caractère(30)	Oui

Table : CANDIDAT

ID_CANDIDAT	Identifiant du candidat	Entier	Non
NOM	Nom du candidat	Chaine de caractère(50)	Non
PRENOM	Prénom du candidat	Chaine de caractère(50)	Non
CIVILITE	Civilité du candidat	Chaine de caractère(30)	Oui
EMAIL	Email du candidat	Chaine de caractère(80)	Non
TEL	Numéro de téléphone du candidat	Chaine de caractère(50)	Oui
RESIDENCE	Lieu de résidence du candidat	Chaine de caractère(80)	Oui
POSTE	Poste du candidat	Chaine de caractère(50)	Oui
DUREE_EXPERIENCE	Durée d'expérience du	Chaine de	Oui

	candidat	caractère(50)	
DEBUT_CARRIERE	Début de carrière du candidat	Chaine de caractère(30)	Oui
STATUT	Statut du candidat(en poste, étudiant…)	Chaine de caractère(50)	Oui
CERTIFIE	Indique si le candidat est certifié ou non certifié.	Chaine de caractère(30)	Oui
MISSION	Indique si le candidat désire partir en mission.	Chaine de caractère(30)	Oui
LIEU_MISSION	Lieu dans lequel le candidat souhaite partie en mission.	Chaine de caractère(80)	Oui
VISA	Indique si le candidat possède ou non un visa	Chaine de caractère(30)	Oui
DATE_EXP_VISA	Date d'expiration du visa	Date	Oui
CV	Cv du candidat	Texte	Oui
NIVEAU_DIPLOME	Niveau de diplôme du candidat (bac+3, bac+5…)	Chaine de caractère(50)	Oui
CENTRES_INTERETS	Les centres d'intérêts du candidat.	Chaine de caractère(80)	Oui
COMMENTAIRE	Commentaire du responsable à propos du candidat.	Chaine de caractère(100)	Oui
URL_PHOTO	URL de la photo du candidat.	Texte	Oui
ID_METIER	Identifiant du métier.	Entier	Non
ID_SOCIETE	Identifiant de la société.	Entier	Non
ID_ETABLISSEMENT	Identifiant de l'établissement.	Entier	Non
Table : CANDIDAT_TECHNOLOGIE			
ID_TECHNOLOGIE	Identifiant de la technologie.	Entier	Non
ID_CANDIDAT	Identifiant du candidat.	Entier	Non

Table : CANDIDAT_NATIONALITE			
ID_NATIONALITE	Identifiant de la nationalité.	Entier	Non
ID_CANDIDAT	Identifiant du candidat.	Entier	Non
Table : RESPONSABLE			
ID_RESPONSABLE	Identifiant du responsable.	Entier	Non
NOM	Nom du responsable.	Chaine de caractère(50)	Non
PRENOM	Prénom du responsable	Chaine de caractère(50)	Non
LOGIN	Login du responsable.	Chaine de caractère(80)	Non
PASSWORD	Mot de passe du responsable.	Chaine de caractère(80)	Non
FONCTION	Fonction du responsable (responsable RH, chef de projet, directeur de projet).	Chaine de caractère(80)	Non
Table : ROLE			
CODE_ROLE	Code rôle du responsable.	Entier	Non
DESCRIPTION_ROLE	Description du rôle.	Chaine de caractère(20)	Oui
Table : RESPONSBLE_ROLE			
ID_RESPONSABLE	Identifiant du responsable.	Entier	Non
CODE_ROLE	Code du rôle.	Entier	Non
Table : QUESTION_REPONSE			
ID_QR	Identifiant de la table QUESTION_REPONSE.	Entier	Non
QUESTION	Représente une question dans le test technique.	Chaine de caractère(80)	Oui
REPONSE	Représente une réponse dans le test technique.	Chaine de caractère(80)	Oui
ID_ENTRETIEN	Identifiant de l'entretien	Entier	Non
Table : ENTRETIEN_RH			

ID_ENTRETIEN	Identifiant de l'entretien.	Entier	Non
DATE_ENTRETIEN	Date de l'entretien.	Date	Non
COMMENTAIRE	Commentaire du responsable.	Chaine de caractère(100)	Oui
PONCTUALITE	Décrit l'assiduité du candidat.	Chaine de caractère(80)	Non
CAUSE_CHANGEMENT	Indique la raison pour laquelle le candidat veut changer de société.	Chaine de caractère(100)	Non
VOUS_CH_QUOI	Indique ce que le candidat désire trouver dans le nouvel poste.	Chaine de caractère(100)	Non
MOBILITE	Indique si le candidat est capable ou non de se déplacer.	Chaine de caractère(30)	Oui
DISPONIBILITE	La date de disponibilité du candidat.	Date	Oui
TYPE_CONTRAT	Le type de contrat.	Chaine de caractère(40)	Oui
SALAIRE_ACTUEL	Le salaire actuel du candidat.	Chaine de caractère(50)	Oui
PRETENTIONS_SALARIALES		Chaine de caractère(80)	Oui
NIVEAU_FRANCAIS	Niveau du candidat en français.	Chaine de caractère(30)	Oui
NIVEAU_ANGLAIS	Niveau du candidat en anglais.	Chaine de caractère(30)	Oui
ADEQUATION_POSTE	Indique si le candidat concorde ou non avec le poste question.	Chaine de caractère(30)	Oui
TEST_TECHNIQUE	Indique si le candidat a passé ou non un test technique.	Chaine de caractère(30)	Oui

NOTE_TEST	La note du candidat dans le test technique.	Double	Oui
DATE_NOTE	Date de la note.	Date	Oui
ID_TEST	Identifiant du test technique.	Entier	Non
ID_RESPONSABLE	Identifiant du responsable.	Entier	Non
ID_CANDIDAT	Identifiant du candidat.	Entier	Non
Table : ENTRETIEN_TECHNIQUE			
ID_ENTRETIEN	Identifiant de l'entretien.	Entier	Non
DATE_ENTRETIEN	Date de l'entretien.	Date	Non
COMMENTAIRE	Commentaire du responsable.	Chaine de caractère(100)	Oui
DECISION	Décision du responsable (acceptation ou refus).	Chaine de caractère(30)	Oui
DATE_DECISION	Date de la décision.	Date	Oui
ID_CANDIDAT	Identifiant du candidat.	Entier	Non
ID_RESPONSABLE	Identifiant du responsable.	Entier	Non
Table : ENTRETIEN_DIRECTEUR_PROJET			
ID_ENTRETIEN	Identifiant de l'entretien.	Entier	Non
DATE_ENTRETIEN	Date de l'entretien.	Date	Non
COMMENTAIRE	Commentaire du responsable.	Chaine de caractère(100)	Oui
SALAIRE_PROPOSE	Salaire proposé par le candidat.	Chaine de caractère(50)	Oui
DECISION	Décision du responsable (acceptation ou refus).	Chaine de caractère(30)	Oui
DATE_DECISION	Date de la décision.	Date	Oui
ID_CANDIDAT	Identifiant du candidat.	Entier	Non
ID_RESPONSABLE	Identifiant du responsable.	Entier	Non

Figure 16: Dictionnaire de données

III.   Script de création des tables :

A partir du schéma relationnel, nous pouvons avoir le script de création des tables suivant :

```sql
CREATE TABLE technologie(
    id_technologie INT UNSIGNED AUTO_INCREMENT,
    libelle_technologie VARCHAR(30),
    PRIMARY KEY (id_technologie)
);

CREATE TABLE etablissement(
    id_etablissement INT UNSIGNED AUTO_INCREMENT,
    libelle_etablissement VARCHAR(30),
    PRIMARY KEY (id_etablissement)
);

CREATE TABLE metier(
    id_metier INT UNSIGNED AUTO_INCREMENT,
    libelle_metier VARCHAR(30),
    PRIMARY KEY (id_metier)
);

CREATE TABLE nationalite(
    id_nationalite INT UNSIGNED AUTO_INCREMENT,
    libelle_nationalite VARCHAR (30),
    PRIMARY KEY (id_nationalite)
);

CREATE TABLE societe(
    id_societe INT UNSIGNED AUTO_INCREMENT,
    libelle_societe VARCHAR(30),
    PRIMARY KEY (id_societe)
);

CREATE TABLE candidat(
    id_candidat INT UNSIGNED AUTO_INCREMENT,
    nom VARCHAR(50) NOT NULL,
    prenom VARCHAR (50) NOT NULL,
    civilite VARCHAR 30),
    email VARCHAR (80) NOT NULL,
    tel VARCHAR (50),
    residence VARCHAR(80),
    poste VARCHAR(50),
    duree_experience VARCHAR(50),
    debut_carriere VARCHAR(30),
    statut VARCHAR(50),
    certifie VARCHAR (30),
    mission VARCHAR (30),
    lieu_mission VARCHAR (80),
    visa VARCHAR (30),
    date_exp_visa DATE,
    cv BLOB,
    niveau_diplome VARCHAR (50),
    centres_interets VARCHAR(80),
    commentaire VARCHAR(100),
    url_photo TEXT,
    id_metier INT UNSIGNED,
    id_societe INT UNSIGNED,
    id_etablissement INT UNSIGNED,

    PRIMARY KEY (id_candidat),
    FOREIGN KEY (id_metier) REFERENCES metier (id_metier),
    FOREIGN KEY (id_societe) REFERENCES societe (id_societe),
    FOREIGN KEY (id_etablissement) REFERENCES etablissement (id_etablissement)
);

CREATE TABLE candidat_technologie(
    id_technologie INT   UNSIGNED,
    id_candidat INT UNSIGNED,
    PRIMARY KEY (id_technologie,id_candidat),
    FOREIGN KEY (id_technologie) REFERENCES technologie (id_technologie),
    FOREIGN KEY (id_candidat) REFERENCES candidat (id_candidat)
```

```
);

CREATE TABLE candidat_nationalite(
    id_nationalite INT UNSIGNED,
    id_candidat INT UNSIGNED,
    PRIMARY KEY(id_nationalite,id_candidat),
    FOREIGN KEY(id_nationalite) REFERENCES nationalite(id_nationalite),
    FOREIGN KEY(id_candidat) REFERENCES candidat(id_candidat)
);

CREATE TABLE responsable(
    id_responsable INT UNSIGNED AUTO_INCREMENT,
    nom VARCHAR(50) NOT NULL,
    prenom VARCHAR (50) NOT NULL,
    login VARCHAR (80) NOT NULL,
    password VARCHAR (80) NOT NULL,
    fonction VARCHAR (80) NOT NULL,
    PRIMARY KEY (id_responsable)
);

CREATE TABLE role (
    code_role INT UNSIGNED AUTO_INCREMENT,
    description_role VARCHAR(20),
    PRIMARY KEY (code_role)
);

CREATE TABLE responsable_role(
    id_responsable INT UNSIGNED,
    code_role INT UNSIGNED,
    PRIMARY KEY (id_responsable, code_role),
    FOREIGN KEY (id_responsable) REFERENCES responsable (id_responsable),
    FOREIGN KEY (code_role) REFERENCES role(code_role)
);

CREATE TABLE entretien_rh (
    id_entretien INT UNSIGNED AUTO_INCREMENT,
    date_entretien DATE NOT NULL,
    commentaire VARCHAR(100),
    ponctualite VARCHAR(80)NOT NULL,
    cause_changement varchar(100) NOT NULL,
    vous_ch_quoi varchar(100)  NOT NULL,
    mobilite VARCHAR(30),
    disponibilite DATE,
    type_contrat VARCHAR(40),
    salaire_actuel VARCHAR (50),
    pretentions_salariales VARCHAR(80),
    niveau_francais VARCHAR(30),
    niveau_anglais VARCHAR(30),
    adequation_poste VARCHAR(30),
    test_technique VARCHAR (30),
    note_test DOUBLE,
    date_note DATE,
    id_test INT,
    id_responsable INT UNSIGNED,
    id_candidat INT UNSIGNED,
    PRIMARY KEY (id_entretien),
    FOREIGN KEY (id_candidat) REFERENCES candidat (id_candidat),
    FOREIGN KEY (id_responsable) REFERENCES responsable (id_responsable)
);

CREATE TABLE entretien_technique (
    id_entretien INT UNSIGNED AUTO_INCREMENT,
    date_entretien DATE NOT NULL,
    commentaire VARCHAR(100),
    decision VARCHAR(30),
    date_decision DATE,
    id_candidat INT UNSIGNED,
    id_responsable INT UNSIGNED,
```

```
    PRIMARY KEY (id_entretien),
    FOREIGN KEY (id_candidat) REFERENCES candidat (id_candidat),
    FOREIGN KEY (id_responsable) REFERENCES responsable (id_responsable)
);

CREATE TABLE entretien_directeur_projet (
    id_entretien INT  UNSIGNED AUTO_INCREMENT,
    date_entretien DATE NOT NULL,
    commentaire VARCHAR(100),
    salaire_propose VARCHAR(50),
    decision VARCHAR(30),
    date_decision DATE,
    id_candidat INT UNSIGNED,
    id_responsable INT UNSIGNED,
    PRIMARY KEY (id_entretien),
    FOREIGN KEY (id_candidat) REFERENCES candidat(id_candidat),
    FOREIGN KEY (id_responsable) REFERENCES responsible (id_responsable)
);

CREATE TABLE question_reponse (
    id_qr INT UNSIGNED,
    question VARCHAR (80),
    reponse VARCHAR (80),
    id_test INT UNSIGNED,
    PRIMARY KEY (id_entretien, id_qr),
    FOREIGN KEY (id_entretien) REFERENCES entretien_rh (id_entretien)
);
```

Conclusion :

Dans ce chapitre nous avons exposé la base de données de l'application à travers la description du schéma relationnel et le script de création des tables. Nous présenterons dans le chapitre qui suit l'environnement logiciel et les outils nécessaires à la réalisation de notre application.

Chapitre 4 :
Réalisation

Introduction :

Nous consacrons ce chapitre à la description de l'environnement matériel et logiciel qui ont servi à l'implémentation de notre application et à mettre en évidence le travail réalisé par la présentation de quelques interfaces traduisant le déroulement du projet.

I. Environnement de travail :

1. Environnement matériel :

Le matériel utilisé pour le développement de notre application est : un ordinateur portable HP dont les caractéristiques sont les suivantes :

- Processeur : AMD Athlon(tm) II P320 Dual-Core Processor 2.10 GHz.
- Disque Dur : 444 Go.
- Mémoire vive : 4.00 Go.

2. Environnement logiciel:

a Outil de développement : Eclipse

Eclipse est une plateforme de développement écrite en Java, c'est un outil puissant, gratuit, libre et multiplateforme, et vu que notre application est développée en JAVA le choix de cette plateforme était guidé par le fait qu'elle représente le principal environnement de développement de logiciels basés sur Java et qui a une forte intégration avec ce langage (grammaire et compilateur complets).

Ses avantages dans le développement d'applications web Java EE sont multiples:

- intégration des outils nécessaires au développement et au déploiement d'une application.

- paramétrage aisé et centralisé des composants d'une application.

- multiples moyens de visualisation de l'architecture d'une application.

- génération automatique de portions de code.

47

b Langage de programmation : java

JAVA est un langage orienté objet crée par Sun Microsystems, le choix de ce langage était guidé par :

- Java est portable. Il suffit juste que la JVM (Java Virtual Machine) soit installée sur le système pour que l'application fonctionne.
- Java est organisé, il contient des classes bien conçu et bien reparties.
- Facilité de l'accès aux bases de données grâce à JDBC (Java Database Connectivity). A savoir que JDBC est une interface d'accès SQL aux bases de données, qui offre un moyen d'effectuer des requêtes SQL indépendamment de la base de données employée.
- Facile à apprendre : Java a été conçu pour être facile à utiliser et il est donc facile à écrire, compiler, déboguer et apprendre que les autres langages de programmation
- Avantage majeur de JAVA : très sécurisé.

c Le serveur Apache Tomcat :

Pour faire fonctionner notre application, nous avons mis en place un serveur d'applications. Nous avons choisi d'utiliser Tomcat, car c'est un serveur léger, gratuit, libre et multiplateforme, on le rencontre d'ailleurs très souvent dans des projets en entreprise, en phase de développement comme en production.

Parmi ces principaux avantages:
- Tomcat est simple, beaucoup plus que les serveurs d'application Open Source « complets »
- Il est donc plus simple d'administrer une instance Tomcat qu'un serveur d'applications complet.
- Il n'occupe que 2 ports sur la machine (8080 et 8009), alors que les autres en prennent une dizaine.

d Système de gestion de base de données : MySQL

MySQL est un SGBD (Système de Gestion de Bases de Données) fonctionnant sous Linux et Windows. Depuis la version 3.23.19, MySQL est sous Licence GPL (aussi bien sous Linux que Windows), ce qui signifie qu'il peut être utilisé gratuitement. Parmi ses principaux avantages :

- Rapide.

- Facile à utiliser : MySQL est beaucoup plus simple à utiliser que la plupart des serveurs de bases de données commerciaux.
- Portabilité : MySQL tourne sur divers systèmes tels que : Unix, Windows, Linux ...
- Sécurité : MySQL dispose d'un système de sécurité permettant de gérer les personnes et les machines pouvant accéder aux différentes bases.

II.   Réalisation des interfaces :

1. L'interface d'authentification :

L'interface d'authentification permet aux utilisateurs de l'application de saisir leurs noms d'utilisateurs et leurs mots de passe, un message d'erreur sera affiché lors de l'absence de l'une de ces informations.

En plus, l'utilisateur peut mémoriser son mot de passe pour une prochaine connexion.

Il est à noter que l'affichage des interfaces diffère selon les privilèges.

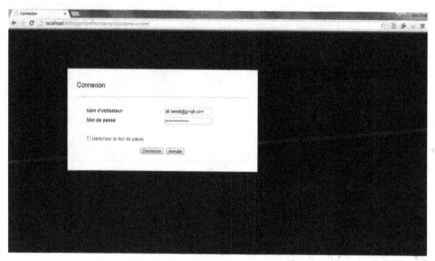

Figure 17: Interface d'authentification

2. L'interface d'accueil de l'application :

Cette interface permet aux utilisateurs identifiés par leurs noms et mots de passe de choisir l'un des liens dans le menu à gauche de la page:

- Le lien « Ajouter un candidat » : permet au responsable RH d'ajouter un nouveau

49

candidat.

- Le lien « Entretien RH » : permet au responsable RH d'ajouter un nouvel entretien RH.
- Le lien « Test technique » : permet au responsable RH d'ajouter un nouveau test technique pour un candidat.
- Le lien « Entretien technique » : permet au chef de projet d'ajouter un nouvel entretien technique.
- Le lien « Recherche de candidats » : permet aux trois responsables (responsable RH, chef de projet et directeur de projet) de chercher un candidat selon le critère désiré.
- Le lien « Entretien Direction » : permet au directeur de projet d'ajouter un nouvel entretien Direction.
- Le lien « Liste des candidats » : permet à tous les responsables de visualiser tous les candidats enregistrés dans la base.

Figure 18: Interface d'accueil de l'application

3. Interface d'ajout des candidats :

L'écran ci-dessous représente l'interface « Ajout Candidat »à travers laquelle le responsable RH peut ajouter un nouveau candidat en renseignant le formulaire ci-après. Toutes ces informations seront enregistrées dans la base de données.

Figure 19: Interface d'ajout d'un candidat

Les champs obligatoires (nom, prénom, email) doivent être bien renseignés, sinon des messages d'erreur seront affichés en cliquant sur le bouton « Enregistrer » comme le montre l'interface ci-dessous.

Figure 20: Interface d'ajout d'un candidat (les messages d'erreur)

4. L'interface «Test technique » :

L'écran ci-dessous représente l'interface « Test Technique » à travers laquelle chaque responsable peut ajouter une question/réponse au test technique.

L'appui sur le bouton « Ajouter une question/réponse » permet d'afficher une fenêtre demandant l'ajout d'une question et d'une réponse.

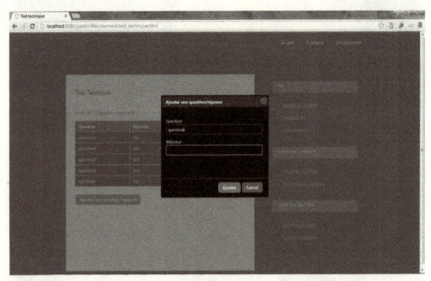

Figure 21: Fenêtre d'ajout des questions/réponses à l'interface « Test technique »

La liste des questions et réponses ajoutées seront enregistrées dans la base et affichées dans un tableau comme le montre l'écran ci-dessous.

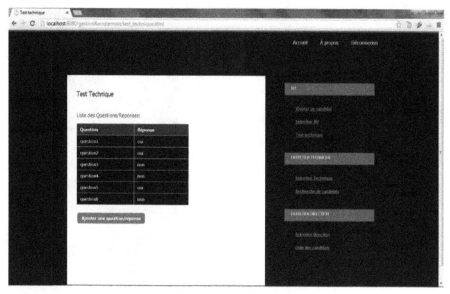

Figure 22: Interface « Test technique »

5. L'interface « Entretien RH » :

L'écran ci-dessous représente l'interface « Entretien RH » à travers laquelle le responsable RH peut ajouter un nouvel entretien RH.

Les champs obligatoires doivent être bien renseignés, sinon des messages d'erreur seront affichés en cliquant sur le bouton « Enregistrer ».

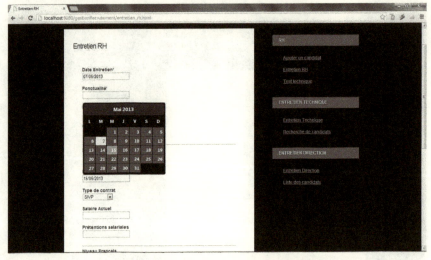

Figure 23: Interface d'ajout d'un entretien RH

6. L'interface « Entretien technique » :

L'écran ci-dessous représente l'interface « Entretien technique »à travers laquelle le chef de projet peut ajouter un nouvel entretien technique et le stocker dans la base.

Les champs obligatoires (date de l'entretien et opérationnel) doivent être bien renseignés, sinon des messages d'erreur seront affichés en cliquant sur le bouton « Enregistrer ».

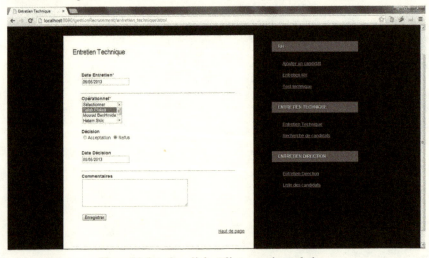

Figure 24: Interface d'ajout d'un entretien technique

7. L'interface « Entretien Direction » :

L'écran ci-dessous représente l'interface « Entretien Direction » à travers laquelle le directeur de projet peut ajouter un nouvel entretien Direction.

Les champs obligatoires (date de l'entretien et opérationnel) doivent être bien remplis, sinon des messages d'erreur seront affichés en cliquant sur le bouton « Enregistrer ».

Figure 25: Interface d'ajout d'un entretien Direction

8. L'interface de recherche de candidats :

Les deux écrans ci-dessous représentent l'interface de recherche de candidats à travers laquelle tous les responsables peuvent effectuer une recherche sur les candidats.

Il existe deux types de recherche, la première est une recherche par mot clé et la deuxième est une recherche par critère.

L'appui sur le bouton Rechercher permet l'affichage d'un tableau contenant une liste de candidats.

Les deux liens Editer et Supprimer permettent de modifier ou de supprimer le candidat.

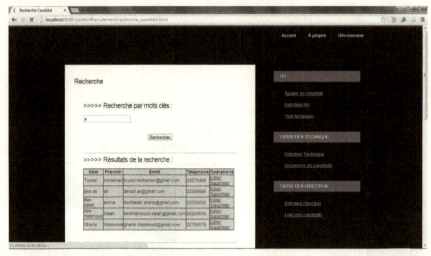

Figure 26: Interface de recherche de candidats par mot clé

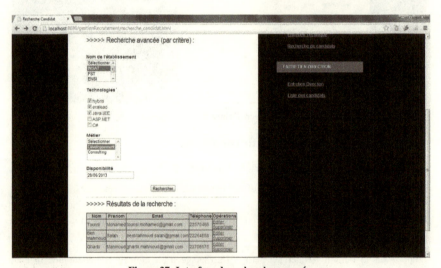

Figure 27: Interface de recherche avancée

Conclusion :

Durant la phase de réalisation, nous avons présenté l'environnement de développement tel que les environnements matériels et logiciels ainsi que les langages utilisés. Ensuite, nous avons déployé les différentes interfaces graphiques de l'application que nous avons réalisée.

Conclusion générale

Lors de ce stage, nous avons conçu et développé une application Web opérationnelle pour la gestion des recrutements au sein d'une entreprise. Cette application simplifie et accélère l'organisation des entretiens et aussi aide les responsables à examiner les informations sur les candidats et à les évaluer pendant et après l'entretien.

Pour mener à terme notre projet nous avons commencé par l'étude des besoins afin de pouvoir répondre au mieux aux attentes et exigences de la société. Nous avons ensuite fourni une analyse détaillée de ces besoins grâce à des diagrammes de cas d'utilisation.

Nous sommes passés ensuite à la modélisation du système, nous avons en premier lieu mis en place l'architecture de conception choisie (MVC). Ensuite, nous avons étudié la conception statique et dynamique du système, ceci nous a permis de réaliser une analyse approfondie des différents aspects de notre application et aboutir à une conception fiable de celle-ci.

Nous avons implémenté la base de données relative à notre application après avoir extrait le schéma relationnel et le dictionnaire de données.

Durant la phase de réalisation, nous avons présenté l'environnement matériel et logiciel et nous avons présenté le travail réalisé en exposant les différentes interfaces de l'application.

Sur le plan professionnel, ce stage m'a offert l'occasion d'approfondir mes connaissances pour les différentes phases du cycle de vie d'un logiciel. Sur le plan humain, il a été une véritable occasion pour observer de près l'aspect et le déroulement de la vie professionnelle.

Bibliographie

[1] http://fr.wikipedia.org/wiki/Mod%C3%A8le-Vue-Contr%C3%B4leur

[2] http://www.developpez.com/

[3] http://jqueryui.com/

[4] http://uml.free.fr/

[5] http://www.siteduzero.com/informatique/tutoriels/creez-votre-application-web-avec-java-ee

[6] http://www.roseindia.net/tutorial/spring/spring3

[7] http://stackoverflow.com/

[8] http://www.objis.com/

[9] http://www.mysql.com/

Oui, je veux morebooks!

I want morebooks!

Buy your books fast and straightforward online - at one of the world's fastest growing online book stores! Environmentally sound due to Print-on-Demand technologies.

Buy your books online at

www.get-morebooks.com

Achetez vos livres en ligne, vite et bien, sur l'une des librairies en ligne les plus performantes au monde!
En protégeant nos ressources et notre environnement grâce à l'impression à la demande.

La librairie en ligne pour acheter plus vite

www.morebooks.fr

OmniScriptum Marketing DEU GmbH
Heinrich-Böcking-Str. 6-8
D - 66121 Saarbrücken
Telefax: +49 681 93 81 567-9

info@omniscriptum.com
www.omniscriptum.com

www.ingramcontent.com/pod-product-compliance
Lightning Source LLC
La Vergne TN
LVHW042348060326
832902LV00006B/475